CALE IDOS COPIO

Denize Ricardi

Campo Mourão - PR
2019

CALEIDOSCÓPIO

DENIZE RICARDI

coordenação editorial
Sálvio Nienkötter

editor-adjunto
Raul K. Souza

capa | projeto gráfico
Paula Villa Nova

produção
Cristiane Nienkötter
Maria Luiza Carvalho Rodrigues

Dados Internacionais de Catalogação na Publicação (CIP)
Andreia de Almeida CRB-8/7889

Ricardi, Denize
Caleidoscópio|Denize Ricardi

Curitiba: Kotter Editorial, 2019.
80 p.

ISBN 978-65-80103-17-1

1. Contos brasileiros I. Título "CALEIDOSCÓPIO"

CDD B869.1

19-0091

Kotter Editorial
Rua das Cerejeiras, 194
82700-510 | Curitiba/PR
+55 41 3585-5161
www.kotter.com.br | contato@kotter.com.br

1o edição
2019

PREFÁCIO

Não se pode imprimir nas páginas de um livro uma vida qualquer. Ela não precisa ser de alguma celebridade, como podem pensar alguns, mas precisa ter representatividade. Na biografia de Denize Ricardi, vemos conquistas e frustrações, encontros e desencontros que representam a experiência humana, mas que, no seu caso, foram vividos numa profundidade incomum. As carências materiais e afetivas ao longo de sua trajetória não a paralisaram, ao contrário, lançaram-na para desafios acadêmicos e profissionais, para o autoconhecimento e o perdão. Mesmo o diagnóstico de bipolaridade, que chegou a deixá-la cambaleante, não a derrubou. Isso ocorreu porque ela valorizou os momentos felizes e o que havia de melhor em cada pessoa que cruzou o seu caminho. Hoje a encontramos espiritualizada e em equilibrada conexão com aqueles que a rodeiam. É essa Denize que se apresenta nas páginas que seguem.

Impossível classificar esse livro. Perguntei a Denize: como a editora vai catalogá-lo? É o que menos importa, concluímos juntos. Não é somente uma simples seleção de lembranças. Não é uma autobiografia, embora revele a sua vida. Não é um diário, embora haja a transcrição de páginas manuscritas de cadernos de anotações do seu cotidiano. Há, também, poemas e aforismos. É, enfim, um caleidoscópio, como sugere o título. Como esse aparelho óptico usado na física, Denize se revela em diferentes facetas através de espelhos, os quais vão desvelando-a conforme vai se modificando a combinação que se faz. O resultado é uma mulher que se multiplica à medida que o leitor lê e relê os textos.

Denize é uma mulher corajosa. Ao escrever, ela vai tirando uma a uma as vestes que a cobrem. Algumas são leves, porque revelam a persistência, o humor despretensioso, as doces lembranças... Há outras, porém, que são pesadas, que custam a deixar o corpo, porque denunciam marcas de grandes feridas. Mas ela só consegue expô-las hoje porque não estão mais abertas, tornaram-se cicatrizes.

No aforismo que abre o conjunto de textos, lê-se: "escrever para não enlouquecer". A escritura, no caso da autora, não é uma fuga, como pode sugerir a frase. É um lugar de registro. As palavras, pois, quando traduzem a vida, servem à sanidade mental.

Denize nos ganha pela simplicidade em versos assim:

> Roupa secando no varal
> Completamente entregue ao sol

Ou em excertos cubistas do cotidiano. Pontuado:
Cozinha modesta. Mesa grande. Seis filhos pequenos. Metade chegando da escola, outra metade esperando a hora de ir. Mãe terminando de fazer o almoço. Pai chegando do trabalho. Mãe aos berros dizendo que não aguentava mais aquela vida, que queria ir embora. Rádio ligado.
Ou sem pontuação.
Sentada bem pequena calçando botas ortopédicas e vestindo só calcinha nos
degraus da casa da vó olhando fixamente para as árvores da chácara em frente
hipnotizada pelo canto de um passarinho.
Ou numa simples relação de nomes:
George Benson
Chaka Khan
Oleta Adams
Anita Baker
Sarah Vaughan
Michael Jackson
Earth Wind and Fire
Gilberto Gil
Tom Jobim

Ou, ainda, na surpresa de uma lembrança traduzida numa singela e inspiradora micronarrativa:

> Quando fomos morar em Curitiba dormíamos num colchão de solteiro no chão do quarto da minha irmã, meu pequeno filho e eu. Uma noite perguntei pra ele:
> -- Você gosta do nosso quarto, Vinícius?
> -- Claro que gosto! É nosso quarto!

O "Making of da dissertação", composto de duas partes (uma carta para a professora orientadora e uma página de diário), e "insights" fecham o livro. No conjunto, revelam a atuação de Denize como professora de inglês e traz reflexões sobre o ensino da língua portuguesa para estrangeiros. Além de corresponderem a uma contribuição da autora para a reflexão necessária sobre o tema, articulam-se com o restante do livro para compor o caleidoscópio proposto. É a face acadêmica/profissional de Denize. Num dado momento, ela diz: Para bem longe do preconceito linguístico reducionista que a tudo rotula, desprestigia, ridiculariza, quero mais é poder crescer cada vez mais com os diferentes falares que o Brasil proporciona, com as diferentes maneiras de ser brasileira, de ser feliz. Percebe-se que, mesmo quando a discussão é acadêmica, a autora não consegue se desprender do plano afetivo. É claro: no caleidoscópio, não há planos estanques ou estáticos. E os espelhos revelam o verso e reverso.

Oscar Nakasato

SUMÁRIO

Para Marilda Ricardi (*In memoriam*), minha mãe, que sonhou ter um nome e sua própria família.

Gratidão a você que
passou, passa e passará
pela minha vida.

ESCREVER

Escrever pra não enlouquecer.

POESIA

Roupa secando no varal
Completamente entregue ao sol.

INVERNO

Nesta noite fria, um livro me faz companhia.

PRIMOS

Conversa entre dois primos pequenos jogando:
-- Por que não dá pra voar?
-- Porque você é humano.

ALMOÇO

Cozinha modesta. Mesa grande. Seis filhos pequenos. Metade chegando da escola, outra metade esperando a hora de ir. Mãe terminando de fazer o almoço. Pai chegando do trabalho. Mãe aos berros dizendo que não aguentava mais aquela vida, que queria ir embora. Rádio ligado. Música não podia ser mais propícia: "Não vá embora, meu bem, não vá embora...". Filha mais velha presta atenção na letra, na mãe desesperada, na situação toda e cai na gargalhada. O pai dispara um "olha o que você está fazendo com sua filha, está contente?". A filha aponta pro rádio, todos ouvem a canção e caem no riso também, inclusive a mãe. Mal-estar desfeito. Almoço perfeito.

BEIJOS

Eu fui disposta a dizer pra ele que eu não queria ser namorada dele. Fracassei. O sujeito começou a me beijar, eu deixei, acabamos trocando dezenas de beijos ali mesmo em frente da sorveteria. Nunca vi tanta fome de beijo, meu Pai. Daí cada um foi pra sua casa e o sujeito me datilografou (sim!!!) um poema falando do nosso encontro. Um dos mais lindos que li em língua portuguesa! Só que o bendito escreveu tudo que é Denize com "s". Ah, mas eu não tive dúvida: "você pode trocar todos esses "s" por "z"? É porque senão não sou eu, entende? E ele satisfez meu pedido. Ah, a paixão!

D.R.

Você me perdeu, basicamente, porque não soube me amar. Não soube escutar as músicas que eu adorava. Não percebeu o quanto eu precisava de sua ajuda para enfrentar o demônio que me devorava o frágil equilíbrio mental. Não me protegeu de mim mesma. Não pôde impedir que eu fosse lançada ao abismo da loucura. Não lutou por mim, nem pelo nosso filho. Não fez questão que eu ficasse, quando eu decidi ir embora levando comigo o que havia de melhor em nós dois. Contribuiu para um lento e forte processo de invisibilidade minha. Você me perdeu? Infelizmente, isto é, na verdade, você nunca me teve.

DA PRIMEIRA LEMBRANÇA

Sentada bem pequena calçando botas ortopédicas e vestindo só calcinha nos degraus da casa da vó olhando fixamente para as árvores da chácara em frente hipnotizada pelo canto de um passarinho. Sabiá? Uma mulher me chama carinhosamente: "Nizinha, o que está fazendo aí sozinha?"

DO NOME

Há muito tempo havia uma moça que passava pelo portão da casa da mãe-menina a caminho do trabalho. Essa moça parava, conversava um pouquinho, dava atenção e seguia em frente. Era muito doce, generosa, calma. A menina disse que quando crescesse e tivesse uma filha colocaria o mesmo nome daquela moça no rebento amado. E ela cresceu, casou com um Dionísio, e o nome escolhido na infância também tinha tudo a ver com esse pai: Denize. É que as "denizes" são as ninfas de Dionísio, o deus do vinho e das bacanais. E o meu Denize é com "Z". Faço questão deste "Z". Fico danada da vida quando escrevem com "S". Uma vez fiz o primeiro namorado reescrever um poema inteiro só porque havia cometido o terrível erro de trocar o "Z" por "S". Esse poema é das coisas mais lindas que alguém já fez para mim.

DOS APELIDOS

Nizinha
Denizinha
Dedeim
De
Deni
Dedê
Dezinha
Denizaura
Deniscreuza
Denizão
Denislinda

DOS CANTORES

George Benson
Chaka Khan
Oleta Adams
Anita Baker
Sarah Vaughan
Michael Jackson
Earth Wind and Fire
Gilberto Gil
Tom Jobim
Ed Motta
Ivan Lins
Marisa Monte
Leila Pinheiro
Luther Vandross
Simply Red
Swing Out Sister
Al Jarreau
Rod Stewart
Sade
Tears For Fears
Everything But The Girl
Police
U2
Sting
Phill Collins
Seal
Whitney Houston
Marvin Gaye
Nina Simone.

DO FILME

Blade Runner, o caçador de androides, de Ridley Scott. (Visto mais de 20 vezes!)

DE QUANDO SE VIRAM PELA PRIMEIRA VEZ

Na república do amigo em comum. Moço quieto, calmo, educado, gentil. Parecia mais velho do que realmente era. Bermuda jeans, camiseta branca, óculos, chinelos. Voz bonita. Suave.

DE QUANDO "FICARAM" A PRIMEIRA VEZ

Na minha república. Colchão de solteiro no chão. "Fica?". "Fico". Tocava "It's Over" do Level 42 na FM. Mal sinal...

DA MÃE

Era amorosa. Destituída de vaidade, mas gostava de lavanda. Teve seis filhos, sua única riqueza. Apanhava do marido. Enlouquecia. Ano sim. Ano também. Morreu aos 45 anos. Sem dentes. Sem um único vestido que servisse para ser enterrada.

DA PERSEVERANÇA

Faz uma hora que comecei a escrever neste caderno novo. A proposta inicial é de escrever por três horas. Já quero sair deste quarto, desta mesinha marrom minimalista com caderno, caneta, óculos. Tenho medo das lembranças que começaram a chegar. Um certo cansaço para registrá-las todas. Sonhei que falava pro meu filho sobre o formato deste primeiro livro, que contaria a história do pai dele e de mim sem citar nomes. Ih, já citei o meu... Faltam duas horas ainda. Perseverar, perseverar. Disciplina!

PENSANDO

Com que você sonhava quando morreu, meu pai?

17/10/17
Denize

Após ler "O velho e o mar", do Hemingway. Lindo.

Em casa de enforcado não se fala de cordas e na casa de louco não se fala sozinho.

Denize com Vinícius em tarde chuvosa em Campo Mourão – PR após leitura de vários contos fantásticos.

Adeus tédio, como bem previu a amiga Adelaide!

DA DEDICATÓRIA NA DISSERTAÇÃO SOBRE VARIAÇÃO LINGUÍSTICA

Para Vinícius, menino, garoto, guri, moleque, piá, filho muito amado que volta e meia cantarola pela casa: "Quem acredita sempre alcança...", me fazendo prosseguir.

DO MESTRADO

No final da dissertação: Carta para Edair e Insights. Incluir neste livro?

DOS ANOS 80

Digo solenemente, toda nostálgica, para meu jovem filho ao ouvir uma música:

-- Anos 80... Estive lá!

E ele bem sério e resoluto:

-- Você nunca saiu de lá!

DE UM WHATSAPP PRO FILHO

D: Dei conta da aula da pós. Arrasei! Fui tomar café na Marize. Estou em casa agora. Feliz. Hoje não ouvi aquelas vozes. Aliás, bem pouquinho. Te amo.
Deni 9:00 pm

V: O Deno 11:12 pm
V: Deni 11:12 pm
V: Que bom 11: 12 pm
V: Fique bem 11:13 pm

REFLEXÕES

Parece-me que estas lembranças são uma conversa comigo mesma e também com meu filho que amo e admiro tanto. (Contar sobre as orações incessantes que eu fazia a pé, a caminho da Unicamp pedindo a Deus que me mandasse alguém porque eu estava muito sozinha. Em princípio, achava que a resposta divina era o Nestor, mas depois me dei conta que se tratava do Vinícius. Foi ele quem veio pra me fazer companhia, pra me dar força, pra me fazer dar o melhor de mim, pra me ensinar sobre o amor incondicional. Quando eu o vi pela primeira vez na maternidade tão lindo, tão perfeito, quase não acreditei que algo/alguém assim, um encanto mesmo, era pra mim. Eu merecia mesmo aquela criatura tão linda, que, entre outras coisas, hoje me ensina sobre o amor-desapego?).

ASSUNTO: 2000

De: Denize Ricardi (denizericardi@yahoo.com.br)
Para: r*****
Data: Sexta-feira, 24 de Maio de 2013 21:40

R*, oi. Fiquei com suas palavras no meu coração um tempão e criei coragem para te escrever um pouco mais sobre mim. Talvez você me entenda um pouco melhor. Talvez não...Vou arriscar (é preciso arriscar, não é mesmo?). Em 2000, depois da minha separação; depois do meu ex-marido se tornar pai de novo; depois da minha melhor amiga de Campinas falecer aos 33 anos de idade; depois de outra grande amiga voltar para os EUA; depois de eu mesma voltar pra casa do meu pai, que era alcoólatra e miserável, em Campo Grande, com meu filho de dois anos de idade apenas; depois de decidir pedir demissão do meu emprego no Centro de Línguas da USP; depois de ter perdido tudo o que havia conseguido a duras penas, e podre de depressão, não suportando tanta dor e desespero, enlouqueci. É isso, surtei, saí da realidade, vivi a pior experiência da minha vida, e quase perdi meu filho, que era tudo o que me restava, minha âncora para a realidade. A coisa boa foi que encontrei um médico maravilhoso que cuidou de mim, e me deu o diagnóstico de Transtorno Afetivo Bipolar. Então, desde 2000, inicialmente só por causa do meu filho, eu me trato com medicação controlada, terapia, orações, trabalho, e nunca mais tive crise alguma. Cada dia é uma vitória e, sim, minha casa é organizada, bem como meu guarda-roupa, os armários da cozinha (bem, esses nem tanto!!) e tudo o que me diz respeito, porque, é lógico, eu tenho pavor de perder o controle. Eu me orgulho muito dessa minha trajetória, do meu tratamento, e de tudo que venho conquistando aos poucos. Então eu acho muito injusto quando me dizem que eu tenho medo da vida, pois eu me agarrei a ela como toda a minha força não faz muito tempo...Eu amo estar viva. Eu amo as pessoas que fazem parte desta minha existência. Eu amo o que venho descobrindo a meu respeito. Eu amo a possibilidade de ser cada dia mais feliz. E last, but not least, eu amo receber seus e-mails. Eles deram todo um colorido aos meus dias nestes últimos dois meses. Você faz ideia do bem que seus textos (coloquiais ou não) me fazem? Eu nunca vou cansar de te agradecer. Eu desejo a você tudo de mais encantador que possa existir. Eu desejo a você a realização de seus sonhos mais preciosos e caros. Se eu estivesse aí, te pediria um abraço. Denize.

ASSUNTO: NOSSO DIÁLOGO

De: Denize Ricardi (denizericardi@yahoo.com.br)
Para: r*****
Data: Terça-feira, 28 de Maio de 2013 11:53

R*, bom dia! Eu estava preparando o almoço e pensando... Meu diálogo com você é mais ou menos assim:
Eu falo em dançar no escuro, você fala em voo duplo de parapente.
Eu falo em ver o mar, você fala em pedalar até a exaustão.
Eu falo em escrever solitariamente, você fala em viver intensamente. Mas a coisa boa é que estamos falando. Um para o outro? Também. Para nós mesmos? Com certeza.
O almoço rendeu!! Chove muito aqui. Muito mesmo. Boa terça!
Denize.

DA MINHA NÃO VIRGINDADE

Eu tinha acabado de voltar de Campinas para Campo Grande para passar as férias de julho. Era de noite, e eu estava sozinha assistindo TV na casa de minha vó quando começou a passar "Tudo o que você gostaria de saber sobre sexo e nunca teve coragem de perguntar", do Woody Allen. Pois bem, comecei a rir um monte. Nisso, entram na sala, meu pai e um primo da idade dele. Situação constrangedora. Tratei de segurar o riso o quanto pude, mas chegou uma hora que não pude mais e eu explodi na gargalhada. Tenho certeza que meu pai descobriu que eu não era mais virgem naquele momento.

DO PRIMEIRO OLHAR AMOROSO E PROTETOR MASCULINO

Eu era pequena, 6/7 anos, e estudava perto de casa, mas era preciso atravessar uma avenida movimentada, a Afonso Pena. Então, minha mãe pediu para um menino mais velho, que levava a irmã menor para a escola, pra me acompanhar também. A primeira vez que fomos atravessar a tal avenida, na saída da escola, ele me chamou com toda ternura: Denizinha...E me olhou com tanto amor que fiquei desconcertada. Ele deveria ter uns 12 anos, era moreno, usava óculos, era todo arrumado. Foi a primeira vez que fui olhada com tanto carinho por um menino. Eu fui perceber esse olhar novamente anos mais tarde, nos olhos de um estrangeiro que tinha acabado de me conhecer e que me ajudou a atravessar um ano difícil, numa cidade distante.

Onde foi parar aquele menino, de quem não sei mais o nome? Será que ele continua em Campo Grande? Será que casou? Deve ter se tornado um marido carinhoso e companheiro. Será que teve filhos? Será que é feliz? Que ele esteja bem e em paz onde quer que esteja. Fica comigo a lembrança daquele olhar, daquela proteção que me envolveu inteira numa meninice não muito feliz.

DA SURPRESA

Era fim de ano. Eu estava encerrando o curso de inglês que dava na USP, e um aluno, o mais quieto e estranho, se aproximou de mim com um presente. Eram 6 taças coloridas de vidro. Ele me disse:

-- Olha, Denize, estou montando um apartamento, comprei essas tacinhas pra mim. Elas são tão parecidas com você que resolvi te dar também.

Achei tanta graça no comentário. Será que ele pensava que eu era redonda e colorida? Tenho as taças até hoje. Só a amarela quebrou. Uns 9 anos já.

DO NOME DO MEU FILHO

Na minha barriga ele ia se chamar Mateus. Uma semana antes, quando eu estava indo fazer pré-natal, num ônibus em Barão Geraldo, de repente, puf! Apareceu na minha mente, claramente, o rostinho de um ex-aluno meu de inglês, devia ter uns 9/10 anos quando dei aula pra ele na Pink and Blue de Campo Grande. Ele não era de lá, era super educado, gentil, amoroso, bem-humorado, ótimo aluno. Pois bem, mudei na hora o nome do futuro rebento e só comuniquei ao pai dele, que concordou com a troca. Hoje, o meu Vinícius tem 10 anos e ele é tudo o que meu ex-aluno era. É como disse uma amiga, uma vez, Ana, esse nome combina tanto com Denize e Nestor. Acho que é porque tem n, sei lá. Só sei dizer que depois do meu nome, o nome que eu mais amo é o do meu filho.

ROSA MARIA

Rosa Maria é a mulher mais extraordinária que eu conheço. Ela e suas três filhas praticamente me adotaram quando morei em Campinas. Mulher de um bom humor incrível, e de uma generosidade desconcertante, simplesmente mudou todo um jeito de eu encarar a vida.

SONHO COM MINHA MÃE 2

Quando minha menstruação atrasava um pouquinho, eu já me punha a falar com o bebê imaginário.

"Olhe, meu filho, não desça aqui pra Terra não porque as coisas estão um tanto quanto complicadas. É melhor você ficar aí no Paraíso, na companhia da sua vó, e vir numa outra hora, mais propícia".

Eu falei isso bem umas cinco vezes.

Uma bela tarde, minha mãe apareceu, linda, num sonho, carregando um bebê embrulhado numa manta. Ela me disse carinhosamente:

"Denize, esse bebê é para você, minha filha". Acordei tão feliz desse sonho, tão em paz. Comentei com meu marido então: "Amor, acho que logo teremos uma boa notícia, porque tenho a sensação de que um anjo acabou de passar aqui".

Pois bem, na semana que se seguiu recebi a notícia de que meu cisto no ovário havia regredido, e que eu havia passado em 1º lugar para dar aulas no Centro de Línguas da USP, pondo fim a meses de desemprego. Achei que era isso o significado do sonho. Mal sabia eu que a melhor notícia da minha vida crescia no meu ventre e inundaria de amor todo meu ser.

2ª SÉRIE

Eu tinha 7 anos e tinha passado para a 2ª série. Numa noite em que saímos para passear de carro com meu pai, ele me disse todo sério:

-- É, Denize, agora você vai fazer a 2ª série e vai precisar prestar mais atenção na professora, se concentrar e se esforçar. Os problemas de matemática vão ficar mais difíceis, e os textos de português mais longos. Nada de brincadeira. O que ele se esqueceu de me dizer era que a minha vida ia ficar mais difícil também.

Eu me lembro de que estava sentada no banco de trás, vestindo um vestido vermelho que eu adorava. Achei aquela conversa toda tão séria e importante. Dei o melhor de mim naquele ano e em todos os outros, apesar do mundo estar quase sempre desmoronando em casa.

A professora da 2ª série, Iraci, foi, por assim dizer, minha primeira terapeuta. Foi aquela que me ouvia quando eu não tinha mais para quem correr, apavorada que eu estava com a violência doméstica.

DONA LURDES

Dona Lurdes, bem morena, baixinha, muito calma fazia faxinas na minha casa em Campinas antes e depois de minha separação. Ela trabalhava para mim nos dias em que eu ia dar aula em São Paulo. Quando eu chegava, tarde da noite, tudo estava bem limpo, roupa passada, comida pronta, doces na geladeira. Dona Lurdes cuidava de mim como se eu fosse sua filha. Ela é um ser humano extraordinário em sua bondade, em sua simplicidade, em sua paz.

COMIDA DA VÓ

Nada me dava mais força e ânimo do que a comida da minha vó. Podia ser só arroz, feijão, carne com batata, salada de tomate, não importava, para mim se tratava de um verdadeiro manjar dos deuses. Às vezes, saindo do trabalho ou do inglês, a caminho da faculdade, só dava tempo mesmo de fazer um prato e engolir a comida, mas era o suficiente para me abastecer de energia e de amor.

O PRIMEIRO BEIJO

O moço se chamava Éder. Tinha 18 anos e me acompanhava até perto de casa. Eu tinha 13 anos. Duas quadras antes de chegar, o moço para na minha frente e me dá um senhor beijo na boca, o primeiro de minha vida. O chão sumiu dos meus pés, minha cabeça rodou, mal consegui andar. Era uma tarde quente, clara, de céu azul. Dentro de mim fazia um dia mais bonito ainda.

VALQUÍRIA

Valquíria era mulata, gordinha, de sorriso largo. Desde que saiu de sua casa na Praia Grande – SP – só morava em pensionatos em Campinas – SP. Eu a conheci num deles. Desde o início ela se mostrava uma grande amiga: solícita, generosa, animada, protetora. Era a primeira vez que eu saía de casa também, e as coisas não eram muito fáceis. Val foi uma espécie de anjo da guarda sempre. Nós ríamos muito de tudo, e ela tinha sempre umas boas ideias para driblarmos a dureza e o tédio. Mas, como todo anjo, um dia ela teve de voltar para o céu, me deixando com a certeza de que é preciso ser feliz hoje, aqui, agora.

CANTIGAS

Vinícius era bebê. Eu e o pai dele cantávamos todas as cantigas que conhecíamos até ele dormir. Éramos só nós três naquele momento. Uma proteção nos envolvia, e nada podia nos entristecer ou preocupar; nem o colchão no chão, nem o frio, nem as contas para pagar, nem meu desespero interno, nem a separação que iria acontecer não muito tempo depois. Nessa hora éramos só nós três, numa luz serena, embalados por belas cantigas de roda e de ninar. Não importava que o "cravo saísse ferido, e a rosa despetalada". Ali, o que importava mesmo era que estávamos apaixonados pela nossa pequena plateia, que merecia uma experiência musical feliz antes do sono chegar.

KISSES IN THE MOONLIGHT

Eu fazia inglês, e um dos meus colegas era um piloto da FAB carioca, mulato, lindo: Neto. Eu o convidei para uma festa que um amigo estava promovendo. Coisa inédita, visto que eu não saía para nada. Pra espanto meu, ele aceitou o convite, e foi me buscar em casa numa senhora moto. Frio na barriga. Baita lua cheia na noite campo-grandense. Lá fomos nós. Eu sem acreditar ainda no que estava acontecendo. Naquela época não se falava em "ficar", mas nós acabamos "ficando" e trocando uns infinitos beijos. "Kisses in the moonlight", do George Benson, traduz bem essa noite.

SWEET LOVE

Eu e minha irmã caçula ficamos uma tarde inteira de sábado tentando tirar a letra de "Sweet love", da Anita Baker. Aquele não era tempo de internet, e nós só tínhamos a nosso favor um toca fitas do Paraguai, nosso inglês e uma imensa vontade de entender aquela que era uma de nossas músicas prediletas. Lá pela centésima vez que tínhamos compreendido um verso difícil, meu pai dispara: "Se tocar essa música mais uma vez, destruo esse som". Tivemos de abaixar o volume ao máximo e ficamos rindo do perigo, mas demos conta do recado. E a música não poderia ser mais linda para a nossa alegria.

PUM

Minha mãe tinha uma história bem engraçada envolvendo puns! É o seguinte, ela tinha ido à farmácia cedo, e o farmacêutico, sujeito bom de papo, ficou conversando com minha mãe, mas eis que foi dando uma vontade nela de soltar uns puns, mas como só estavam os dois lá, ela não podia, e ficou se contorcendo toda, trançando as pernas. Ela deu um jeito de se despedir do cara, e saiu rapidinho. Alívio, puns à vontade. Segundo ela, voltou de motoca para casa, tamanha a barulheira.

Eu vivia contando isso, até o dia que minha mãe (Que Deus a Tenha!) se vingou, e eu, no final do relato, peidei um monte para gargalhada geral da minha plateia, meus companheiros de república estudantil. Piada com efeito sonoro e olfativo!!

NÃO SE OMITA

Eu voltava pra casa de minha vó toda felizinha porque tinha acabado de dar uma aula particular para o cara por quem eu era descabidamente apaixonada. Quase chegando lá, notei um pequeno papel no chão. Me abaixei, peguei e li "Não se omita". Fiquei com aquilo na cabeça até chegar na casa. O que aquilo poderia estar querendo me dizer? Do que eu estava me omitindo? A primeira pessoa que vi foi minha tia-avó Julieta falando sozinha, suja, tremendo de maneira estranha. Não tive dúvidas. Eu precisava fazer algo por ela e imediatamente. Como ela pôde ficar tão largada assim? Sob protestos de sua irmã, minha avó, peguei-a e levei-a ao banheiro. Dei um senhor banho nela. Havia centenas, ou milhares de piolhos em sua cabeça, e a impressão que eu tinha era que eu estava travando uma batalha contra forças inimigas. Cortei o cabelo dela da melhor maneira que pude. Ela estava toda envergonhada, e eu só conseguia dizer: "está tudo bem, tia, está tudo bem." Mais uns dois banhos depois, e minha tia-avó saiu do transe, da crise.

SONHO COM MINHA MÃE 1

Minha mãe havia morrido há poucos dias. Numa noite, sonho que ela entra pela porta do meu quarto. Morro de medo. Penso: "será que ela não se lembra que tenho pavor de fantasmas? Vá embora! Vou ficar de olhos fechados". Mas ela entra e senta-se na minha cama. Ela está vestindo roupas longas, com panos roxos e verdes. Trançados na frente. O cabelo está mais comprido, nos ombros, e ela está serena. Ela me diz:
-- Denize, eu vim falar com você minha filha. Eu até escovei os dentes (Como ela sabia que eu tinha ficado com nojo daquele líquido que saía de sua boca no caixão? Sempre bem-humorada, essa minha mãe!). Eu vim te dizer adeus, que eu te amo e que te conheço na palma da minha mão.

Lágrimas escorrem pelo meu rosto. Abro bem os olhos. Ela se fora.

ANO NOVO

A passagem do ano-novo não prometia nada. Dinheiro contado. Mãe desanimada. Pai ausente. Mas eis que a mãe se levanta, me pede para fazer uma pequena lista de compras e ir ao mercado próximo. Numa rapidez estonteante, ela prepara uma gostosa ceia, com tudo que sabia fazer de melhor. Nós, os seus seis filhos, e ela jantamos felizes. E depois nos aboletamos todos para assistir ao show de Earth, Wind and Fire na TV. Aquela passagem de ano foi, sem dúvida nenhuma, mágica. Eu sabia o quanto ela havia se esforçado para presentear àqueles que ela amava tanto com uma noite especial. Seu amor por nós foi muito maior do que seu próprio desespero interno.

Anos mais tarde, meu filho que nem sabia falar direito ainda, gritava pela casa atrás de mim: "Mamãe, Fire, Fire". Ele queria ver a fita de vídeo com um show parecido com que eu vi naquela véspera de ano novo surpreendente. E então era minha vez de abraçá-lo no sofá e embalar o meu coração uma vez mais.

DO PRIMEIRO INSIGHT MUSICAL

Campo Mourão - PR

Eu era pequena. Estávamos todos no carro do meu pai: minha mãe, meus cinco irmãos e eu íamos para casa de minha avó pela Avenida Mato Grosso, em Campo Grande. No rádio tocava uma música com a Maria Bethânia: "Negue o seu amor, o seu carinho...". Prestei atenção na letra e, de repente, minha mente se abriu e falei empolgada: "Nossa, eles brigaram". Fiquei tão orgulhosa de mim, me sentindo a maior sabichona. Ninguém pareceu dar a mínima importância para a minha descoberta, mas alguma coisa muito linda aconteceu ali naquele carro. Eu nascia para o jogo das interpretações e para o exercício solitário da imaginação.

DOS TROCADILHOS

Campo Mourão - PR

Vinícius chega da faculdade depois das onze da noite. Invariavelmente já estou dormindo. Hoje ele veio com dois amigos. Ouvi o converseiro, reconheci a voz de um deles e disparei do quarto:

- Eh, Paulo, você só me pega na cama!

Pra quê? Gargalhada geral e Vinícius meio zangado com a zoação!

- Minha mãe não!

E eu, para piorar a história:

- Eita, Vinícius, amigo que é amigo compartilha a mãe.

O filho único não gostou nadinha da brincadeira. Tive de me levantar e rir com a moçada.

DE UMA(S) CERTA(S) MÚSICA(S)

Campo Mourão - PR

"Coisas da Vida", do Milton Nascimento: linda e praticamente traduz muito do que acredito. Ainda ontem a escutei no canal MPB da Sky, depois de muito, muito tempo. Fiquei em pé, diante da televisão, absolutamente encantada, recuperando algo que sempre, sempre fez muito sentido para mim! "Amor é laço que não escraviza (...) fome de viver (...) e de ser feliz (...)".

Outra música que me é muito cara é aquela do Gonzaguinha que diz: "Viver e não ter a vergonha de ser feliz", cuja letra "minha vida" copiou numa folha de caderno pequeno com letra bonita, e eu preguei na porta interna do guarda-roupa pra me lembrar todo dia deste compromisso quando morávamos numa república em Barão Geraldo – SP e éramos estudantes muito duros. Ele não sabe, mas eu guardo esse papel até hoje, não só numa das minhas inúmeras caixas de recordações como na minha alma. Ele não sabe, mas depois de ter permitido que, tempos de provação depois, nosso filho ficasse comigo, essa canção nesse papel foi a coisa mais linda que ele me deu. Ah, tem as obras completas do Shakespeare também, mas isso já é outra história. Fica pra depois.

E tenho de me lembrar de "Palco", do Gilberto Gil, "pois só quem sabe onde é Luanda poderá me dar valor"/ "Minha alma clara, só quem é clarividente pode ver" e tem me alegrado decididamente o coração desde minha época de ginásio*(?= ensino fundamental 2) lá em Campo Grande – MS.

Ps.:

*Caramba, "minha época de ginásio": estou envelhecendo mesmo... não há como parar o tempo... Graças a Deus!! Que venham mais outros 50 bem vividos e lembrados. Isso me faz rir quando penso no Vinícius me dizendo que nunca saí dos anos 80!

Tem muita música incrível que compõe a trilha sonora desta minha existência: meu filho e irmãos que o digam, mas por hora vou ficando com estas.

DESTE LIVRO

Campo Mourão - PR

Posso dizer que este livro começou a ser escrito quando comecei a prática de escrever diário em 1999, quando voltei a morar em Campo Grande – MS, depois da separação, das crises e da minha tentativa de me recompor, me organizar internamente e ter com quem falar. Eu me sentia muito só, e aquele primeiro cadernão que eu inicialmente usava pra estudar inglês foi meu companheiro e deu início a esse exercício de escrever gostoso, que me conforta o espírito e me afasta o medo de enlouquecer até hoje. Então este primeiro (?) livro está sendo gestado numa longa gravidez de 18 anos. Que nasça bonito e forte. É tudo o que eu peço.

DO QUARTO

Quando fomos morar em Curitiba, dormíamos num colchão de solteiro no chão do quarto da minha irmã, meu pequeno filho e eu. Uma noite perguntei pra ele:
-- Você gosta do nosso quarto, Vinícius?
-- Claro que gosto! É nosso quarto!

Quem me lembrou essa história foi minha grande amiga historiadora Edilene e aqueceu meu coração.

DOS MOTIVOS

Campo Mourão - PR

No auge da minha zanga com meu pai, eu pensava em pelo menos quatro bons motivos pra ele não ficar tanto tempo no inferno (sim, porque com certeza ele iria direto pra lá!):

1º) Contou histórias para os seis filhos.

2º) Ensinou os filhos a ler e a escrever.

3º) Comprou livros para os filhos, que até rabiscavam neles.

4º) Levou-os ao cinema.

Na verdade, penso agora, depois de sua dolorosa e triste morte, que pelos mesmos motivos é que ele não deve ter demorado tanto pra chegar ao céu.

R.I.P. dad.

DO MEU PAI

Moreira Sales – PR

Eu o amava por ser nobre, elevado, mas também mesquinho e desprezível muitas vezes. Homem inteiro, forte, artista nas horas vagas: bom pintor, escultor de mão cheia, deu-me conselhos valiosos. Ensinou-me a ter coragem e a me desafiar nas horas de provação. Lição de desapego e generosidade onde não se esperava. Amante de música, cinema e Dostoiévski. Ensinou-me a andar de bicicleta e a vencer meu medo de cair. Mesmo despedaçado inteiramente, me acolheu e ao meu pequeno filho na sua miserável casa depois que a minha própria desabou. Dizia pra quem quisesse ouvir que eu sempre fora seu braço direito. Desafiou-me a dar o meu melhor, nem sempre da maneira mais delicada. Ajudou-me a ser muito do que sou. Brigou até o fim.

MOREIRA SALES, (SÍTIO SÃO JOSÉ)

Sábado 9:51

Que meu primeiro livro seja intenso, delicado, único, universal, breve: "lembranças". Que eu possa encontrar toda a ajuda necessária para publicá-lo. Que ele encante milhões de pessoas no mundo inteiro e possa servir de inspiração. Tudo isso para a honra e glória de Deus, que eu amo tanto e por quem sou eternamente grata.

Estou no sítio da Izabela, minha nora, agora. O sábado está nublado, mas o sol brilha no meu coração. Ouço e sinto o vento. Passarinhos cantam. Vinícius e Izabela dormem um sono bom num colchão na sala. Rose, a mãe, e Rodrigo, o irmão mais velho, foram trabalhar. Felipe, o irmão caçula, dormiu na casa da namorada, Nathalia. Ruba, Roberto, o pai, foi embora há quatro meses. Mesmo assim, a vida continua neste sítio. Tudo é simples, bondade, superação, amor, paz. Eu amo vir pra cá. Agorinha andei descalça na grama e abracei e agradeci a grande árvore que protege a casa verde. Terminei de ler o maravilhoso "Teoria do conto", da Nádia Batella Gotlib (Série Princípios, Editora Ática, 2008). Agora entendo um pouco mais sobre contos. Quero escrevê-los sem medo de ser feliz (e criticada!!). Trouxe uma sacola cheia (linda) de casa pra corrigir as atividades, dos meus amados alunos. Disciplina! Disciplina! Perseverança! Alegria! Leveza! A casa está em silêncio, propícia para esta atividade. Um anu-branco canta aqui perto. Um solzinho tímido está querendo dar o ar de sua graça. Espero por ele. Espero com paciência. Já não tenho mais pressa de nada. Só tenho urgência de viver, visto que fiquei tanto tempo "amarrada quimicamente" pelo lítio e Risperidona, que tomei por dezessete anos. Agora, com menores dosagens dos dois e mais a Quetiapina, sinto que a camisa de força química está mais solta, e eu bem mais livre pra criar, ressignificar, viver, amar. Aleluia! Amém:

DEDICATÓRIA DO LIVRO LEMBRANÇAS"

Em memória de minha mãe Marilda Ricardi, pra quem prometi que seríamos felizes.

P.S: Em princípio este livro se chamaria "Lembranças".

CAMPINAS

Querido pai.

A viagem de volta foi mais complicada: frio, cansaço, desconforto. Na chegada, Nestor e Marize (!!) nos esperavam na rodoviária. Marize passa uns dias aqui conosco e até pensa em procurar emprego por estas bandas e morar comigo. Telefonei a ela pedindo para ficar uns dias aqui pra me dar uma força. Esta é a primeira semana do Vinícius no berçário. Ele já se adaptou, mas o primeiro dia foi bem sofrido para nós dois. Fui aos prantos para a USP. Sobrevivemos!! Estou bem gripada. Nestor e eu comemoramos a compra do tão necessário computador. Uma tia dele nos emprestou o dinheiro. Aos poucos tudo se ajeita. Um abração para todos daí. Denize.

BARÃO GERALDO

Querido pai

Eu me separei do Nestor e me mudei para uma outra casa com o Vinícius. Chorei muito e rezei mais ainda para Deus me mostrar o que fazer. Estou confiante de que agi certo, apesar da dor. Hoje conheci a namorada dele. Foi um teste de fogo. Pai, eu só quero ser feliz. Só isso. E amar e ser amada por inteiro. Chega de migalhas. Obrigada por me ensinar a ter coragem nesta vida. Te amo. Denize.

Seu neto é um forte. Está no sangue...

CURITIBA

Querido pai
A nova casinha já está praticamente arrumada. É uma graça.
Esta carta é apenas para informar o novo endereço:
Um abraço para todos. Fiquem com Deus.
Denize

CURITIBA

Querido pai

Fiquei muito feliz e surpresa com seu telefonema hoje. Vinícius também ficou radiante.

Hoje um amigo dele, o Evandro, está passando o dia com ele. Os dois estão de calção de banho se esbaldando no tanque. Já molharam o piso todo!

O domingo rendeu: fiz almoço, lavei a louça, estudei pro Mestrado.

Vinícius voltou de Campinas recheado de presentes: brinquedos, roupas, calçados, material escolar. Foi à praia e ficou negão! Veio bem feliz de lá. Graças a Deus.

Eu preciso arrumar mais alunos particulares ou um outro emprego que seja compatível com o Mestrado. Estou dando meus pulos, mas confesso que estou preocupada.

Marize e eu voltamos ao Vigilantes do Peso. Já perdi mais de 6 kg!! Chega de ser gorda.

Em maio completo 4 anos desta medicação: Carbonato de Lítio e Risperdal. Uma vitória! Faz tempo que não entro em pânico e sinto-me cada vez mais equilibrada.

Tenho ido às missas todos os finais de semana. Ontem carreguei Vinícius comigo. Ele diz não entender nada, mas não importa. Que ele reze e agradeça a Deus por tudo o que tem. Deus tem me abençoado de muitas maneiras.

Marize e Júnior me ajudaram tremendamente na mudança para esta casinha boa. São irmãos incríveis. Lembranças ao povo daí. Muita força e paz. Denize

CAMPO MOURÃO

Querido pai

Na França pensei muito no senhor. Vi coisas que o senhor teria gostado de ver com certeza! Vou te contando aos poucos tudo que vi, tudo que senti. Voltar pra casa foi muito bom também, muito embora o senhor tenha ficado doente. Eu desejo de coração que o senhor se recupere logo e que a gente ainda possa conversar muito. Por aqui estamos todos bem. Ainda ontem comi pizza lá com o Junior e o Vitor. Vinícius está namorando a Izabela. Marize e família estão bem também! Eu sinto sua falta. Logo estarei aí te visitando. Um abraço bem forte. Amo o senhor, pai.

Denize Ricardi

MAKING-OF DA DISSERTAÇÃO

Curitiba, 31/01/05. 15:39 Segunda-feira. Sol. Ouvindo a FM Paraná Educativa.

Querida Edair:

Escrevo estes textos separadamente como uma espécie de "making-of da dissertação" e te envio assim por não saber onde nem como inseri-los no corpo do trabalho. São coisas que passam pela minha cabeça e que eu gostaria de compartilhar com você.

Li "Educação em língua materna: a sociolinguística na sala de aula" (Stella Maris Bortoni-Ricardo, Parábola, 2004) e "O português são dois... Novas fronteiras, velhos problemas" (Rosa Virgínia Mattos e Silva, Parábola, 2004). São duas autoras muito envolvidas com sociolinguística, apaixonadas pelo ensino da língua portuguesa no Brasil e atuando na área há mais de trinta anos. Eu me sinto uma principiante perto delas.

Quando eu tive a ideia de escrever o projeto, eu me apoiava no fato de ter dado aulas para alunos estrangeiros no CEFET-PR e não ter ficado satisfeita com o material didático de Português para Estrangeiros (doravante PLE) utilizado. Depois de ter iniciado leituras tão instigantes em sócio, pude perceber, ou melhor, você me fez ver que "o buraco é mais embaixo". Isto é, existe toda uma discussão que se faz em sociolinguística e que não está presente ainda no PLE. Aí, então, reside a minha humilde contribuição com este trabalho. OK, OK, tudo isso já sabíamos, mas parece que só agora a minha "ficha está caindo" (antes tarde, do que nunca!!).

Em quem estou pensando quando escrevo o trabalho? No elaborador de material didático de PLE. Acredito que ele tem de estar dentro do que está acontecendo em termos de pesquisas sociolinguísticas e incorporar, de alguma forma, esse conhecimento como propósito de fazer um produto de melhor qualidade, tipo exportação mesmo, sabe?

No entanto, não é só com o elaborador de material didático que eu quero dialogar. Na verdade, eu descobri (!!) que quero mesmo é dialogar com o professor de PLE que frequentemente faz as vezes de elaborador. E que esse professor, assim como eu, se veja num processo de questionamento contínuo e aberto para rever, inclusive, seus próprios preconceitos linguísticos. O que eu quero fazer é um convite para que se pense o ensino de PLE via livro didático, tendo como exemplo a questão da colocação pronominal em cinco livros diferentes.

Eu não sei se vou conseguir encontrar todas as respostas, mas as perguntas para começar essa discussão com meus elaboradores-professores imaginários são estas (por enquanto). Edair, veja se isso é pertinente, ou se estou "viajando na maionese". SÓCORRO!!!

Perguntas que não querem calar!

1- O que pode ser aproveitado de toda uma discussão que já se faz no ensino do português como língua materna, no ensino de PLE? Quais os pontos em comum? Quais as divergências?

2- Aliás, qual a definição de PLE? O que é PLE? O que eu, praticamente, entendo por PLE?

3- Eu, enquanto professora de PLE, me dou conta dos meus preconceitos e mitos arraigados?

4- Quem sou eu quando estou diante de falante estrangeiro que quer aprender a minha língua? O que está em jogo nessa interação?

5- Aprender PLE para quê? (Ouso uma tímida resposta: comunicação entre pessoas que querem um mundo melhor!).

6- Quais os recursos outros para complementar o livro didático? Quanto mais informação eu tiver, melhor poderei indicar os caminhos para o aluno estrangeiro: tv, internet, telefone, jornais, revistas, conversas com todos os segmentos da sociedade. O que perceber nisso tudo em termos de variação?

7- Mais conhecimento sociolinguístico para combater o preconceito. Respeito às diferenças dialetais.

Edair, vou acrescentar agora um texto que escrevi há uns dias quando estive em São Paulo. Minha ideia é ir procurando respostas para essas perguntas e ir te enviando. Essa foi a forma que encontrei de vencer o pavor de escrever dissertação. É um jeito informal, mais a "minha cara". Acho que assim eu funciono melhor. Não ria de mim, está bem? Sinto-me um pouco insegura. Perdoe-me tanta insegurança. Um abraço bem forte. Denize.

OSASCO

Acabo de ir a uma feira livre aqui em Osasco, ao lado da casa de minha melhor amiga, Sueli.

Na barraca de pastéis (comi dois de carne com um guaraná!), fechei os olhos só pra ficar ouvindo o povo desta cidade falar. Até o jeito de reclamar é diferente. Um moço, por exemplo, ao descobrir que não tinha mais bolinho de carne, disse contrariado, com um sotaque bem paulistano:

-- Pô, mas já acabou? Tão cedo?

Atravessei a feira e fui registrando num único papelzinho que eu tinha na hora uma riqueza de "dados sociolinguísticos":

-- Vamu gastá, mulherada. Alô, alô, chegô mercadoria booooaa.

-- Olha o queijo mineiro! Olha o queijo!

-- Seis maçã, um real. Bem doce freguesa. Essa é a hora!

-- Essa pimenta eu não uso não. Por causa das criança. É muito arrrdida. Só uso cominho, coloral no frango essa outra pimenta. Chera a erva doce!

Saí dali absolutamente encantada com toda essa diversidade linguística, com esse português brasileiro tão vivo, colorido, alegre, e me lembrei de que apenas há duas semanas antes eu estava em Campo Grande-MS, minha cidade natal, saboreando uma fatia de sopa paraguaia (uma espécie de torta feita com milho verde, queijo mineiro, cebola) e ouvindo o pessoal de lá falar. Eu só conseguia pensar: "Sim, sou uma campo-grandense, sim, senhor!." Depois reformulei essa afirmação de identidade: SOU BRASILEIRA! Moro na Curitiba do leite quente verdade, e se Deus quiser, vou defender minha dissertação de Mestrado na Florianópolis do "Vais querer só este xerox?" bem cantadinho dos catarina que me atendem gentilmente na UFSC.

Por um momento me coloquei na pele de um estrangeiro que visita todos esses lugares: (Campo Grande-MS, Osasco-SP, Curitiba-PR e Florianópolis-SC), e vai se deparando com esses diferentes modos de falar a língua portuguesa. É isso mesmo, são apenas maneiras diferentes, e não há nada de errado com a diferença. Ele poderia pensar que seu português de estrangeiro também será marcado pela sua experiência estrangeira, e ele não tem de enlouquecer se não conseguir falar como um falante nativo (aliás, falante nativo de onde? De que idade? De que classe social? De que escolaridade? De que sexo?).

É bom ser estrangeira de vez em quando, mesmo que só em pensamento. Isso me possibilita olhar para os falantes de português do meu país com um olhar de curiosidade, de puro encantamento. Também me dá uma sensação estranha de que não sou de lugar nenhum: sou de todo lugar. O que não é ruim. É rico. É libertador.

Para bem longe do preconceito linguístico reducionista que a tudo rotula, desprestigia, ridiculariza, quero mais é poder crescer cada vez mais com os diferentes falares que o Brasil proporciona, com as diferentes maneiras de ser brasileira, de ser feliz.

Denize Ricardi.

INSIGHTS

Ao longo de todas as leituras que tenho feito em Sociolinguística, vai ficando muito claro pra mim todo um questionamento acerca da minha condição de professora de português como língua estrangeira. Que falante de português sou eu quando interajo com aluno estrangeiro? Sou brasileira, natural de Campo Grande-MS. Já morei em Aquidauana-MS, Campinas-SP, e agora resido em Curitiba-PR. Sou professora de inglês como língua estrangeira há vinte anos. Domino a língua padrão, a norma culta? Escrevo cartas, e-mail, diários. Leio pro meu filho antes de dormirmos.

Percebo as diferenças entre o português falado em Campo Grande e em Curitiba. Preciso dizer pro meu aluno estrangeiro: "Não é que aqui é o certo, e lá o errado. É apenas diferente. E não há nada de errado com a diferença. Perceba a diversidade e enriqueça-se com ela." Eu não falo "tu", falo "você", por exemplo. O que deve nortear o ensino de português como língua estrangeira? Em que ele difere da língua materna? O que tem em comum? Níveis de fluência?

O conceito de falante nativo aparece muito quando se fala em aprendizagem de uma língua estrangeira. "Ele fala inglês como um nativo." Que falante nativo é este? Isso não seria apenas mais um mito a ser revisto? Isso é realmente desejável do ponto de vista comunitário, sociolinguístico? Por que o aluno tem de apagar uma das marcas de sua identidade? Me lembro aqui de um professor meu, o James, de Nova Iorque, que fez um curso de PLE quando chegou no Brasil e a frase que ele mais gostou foi: "Ela se casou e foi morar em Recife.", e nós, seus alunos, brincamos muito com ele: "Essa é profunda, James." Ele não perdeu o sotaque nova iorquino, não aparentava ter grandes problemas por ser americano e se comunicava em bom português com os brasileiros todos. Agora, ensino pro meu aluno alemão coisas como: "O que você gostaria de comer?", "Pizza quatro queijos." E ele diz isso com uma graça, um charme, com um toque estrangeiro tão legal que eu não vou ficar insistindo numa pronuncia "forçada" à moda paulista, carioca, caipira, porque eu, falante nativa em questão, tenho uma outra variedade. Eu ofereço um modelo, mas existem vários outros, além, é claro, do dele. E isso é o bonito da coisa toda.

Sou falante de inglês como língua estrangeira. Fiz todo um caminho pra ter fluência nessa língua. E isso está presente na minha interação com um outro estrangeiro. Até agora minha experiência com PLE teve o inglês como suporte, como pano de fundo.

Gosto da sociolinguística porque ela inclui os excluídos, e, de certa forma, sou um deles. Eu sei de onde venho!

Levar em conta o saber linguístico que o aluno estrangeiro traz quando entra no sistema de aprendizagem da escola, esse saber que lhe permite dar conta das necessidades comunicativas que seu cotidiano exige.

Escrevo essa dissertação, que carinhosamente chamo de "Dirce", como quem dança o samba da crioula doida!! Em meio a tantas preocupações, nem todas acadêmicas, e mais prosaicas do tipo: "O que pagar primeiro, aluguel, ou água-luz-telefone?" "Esse menino precisa de tênis novos, não para de crescer (graças a Deus) e já perdeu os que ganhou da madrinha no Natal.", mas antes disso tem a condução pra escola, ai meu Deus, e a luz atrasada. Luz! É isso, foco na luz, Denize. Tudo vai se ajeitar. Chegou até um estrangeiro pra aprender português com você, e melhorar o inglês, veja só! E a Edair está chegando e vai querer ver sua produção científica. Jesus, acenda a luz. O jeito é ouvir o ministro Gilberto Gil, dançar para organizar as ideias e escrever!!

Gil tem tudo a ver com esses temas: diversidade linguística, heterogeneidade, português brasileiro. E ele é leve como eu quero que esse trabalho seja!

Faz vinte anos que sou professora de inglês como língua estrangeira. Menina pobre, mais velha de seis irmãos, filha de dona-de-casa e vendedor (mais tarde limpador de piscinas, escultor nas horas vagas e tristes), ganhei três bolsas de estudo pra aprender inglês. A última delas, na escola mais cara da minha cidade, Campo Grande-MS. Eu me lembro que meu guarda-roupa melhorzinho pra frequentar as aulas era composto de uma única saia verde, duas blusas de algodão e um par de sandálias plásticas brancas Melissa. No primeiro dia de aula senti frio na barriga e rezei antes de entra na sala de aula: "Senhor, não tenho nada a ver com os outros alunos daqui. Eles são ricos, eu não, mas estamos aqui pelo mesmo motivo – aprender inglês. E eu vou aprender essa língua. Me ajude, por favor." 1984. Março. Sala equipada com toda a parafernália mais moderna para o ensino de línguas estrangeiras, e um ar condicionado que me gelava até a alma. Fiquei duas semanas em estado de choque, até me acostumar com aquele novo mundo. Fiz o meu dever de casa com dedicação, determinação, alegria. Aprender inglês me salvou da miséria. Fiz Letras, comecei a dar aulas numa escola particular, tive como chefe uma inglesa de Londres, Bárbara, que me inspirava a dar o melhor de mim nas aulas, no falar a língua, no tratar os alunos como seres humanos únicos e especiais.

Ok, e o que tudo isso tem a ver com português como língua estrangeira? Penso que tem tudo a ver. O que quero dizer é que fiz todo um caminho pra me apropriar de uma língua estrangeira pra chegar até aqui onde estou, repensando minha própria língua. Estou olhando pro meu percurso até aqui, à luz da Sociolinguística e resignificando tudo, todo o processo. E que Sociolinguística é essa? A que me fez rever, principalmente, a questão do preconceito, do respeito às diferenças, que me mostra uma outra possibilidade de ser, fazer e sentir na minha interação com outra pessoa numa língua estrangeira, seja ela inglês ou português! Uma Sociolinguística que combate o autoritarismo linguístico.

"Andar com fé eu vou/ Que a fé não costuma faiá." (Gil)

Minha experiência com PLE é muito mais recente, coisa de três anos pra cá: primeiro no CEFET-PR com os intercambistas de lá, e agora com um aluno alemão que como caído de paraquedas bem neste momento da minha vida, me pede aulas pra aprender português e melhorar o inglês! (Quando a gente pede ajuda pra Deus, a ajuda vem mesmo, de todos os lados!) Eu aqui vendo a teoria, e a vida me exigindo a prática! Então, até agora, o meu PLE teve o inglês como pano de fundo o tempo todo!

Resgatar a importância do professor na elaboração do próprio material didático, ou na escolha de um.
Soares pp.167-168(Linguística da Norma)
Que se incluam orientações sociolinguísticas nos materiais de PLE.

Quais as principais tarefas de uma linguística aplicada ao ensino do português como língua estrangeira? Em língua materna, Ayron Rodrigues mostrou já em 1965.

Eu estava me lembrando que numa das aulas de PLE pro meu aluno alemão, o Stefan, em que ele aprendia números de 1 a 10, ele tinha dificuldades em dizer a sequência 5, 6 e 7, que ele falava com (z) e eu insistia em corrigir com (s). Num certo momento, meio irritado, ele me diz:

-- Denize, I´m German, you´re Brazilian. I can´t say /s/. I say /z/.

Então eu caí em mim. Meu Deus, por que a minha insistência numa pronúncia absolutamente "correta"? Num contexto numérico, é lógico que as pessoas com quem o Stefan interagir irão entendê-lo. Mas é que eu fico querendo ensinar o melhor português possível. Mas que "melhor" é esse, Denize? O meu é apenas um modelo: o de uma professora, brasileira de 37 anos, campo-grandense, residente em Curitiba, etc. etc. etc. Stefan já me disse que quer apenas coisas simples pra se comunicar e sobreviver na língua, mas que eu sou muito ambiciosa e fico querendo que ele aprenda muito mais. Eu aproveitei para lembrá-lo de sua tarefa semanal: me dizer três características absolutamente positivas da cultura brasileira. Uma ele já disse: FRIENDLY. Ou Stefan aprende português, ou não me chamo Denize. Já combinamos um outro nome pra mim, em caso de fracasso de minha parte: Melissa, sabe a do chá pra acalmar, da paciência... A das minhas antigas sandálias também!

Relembrando coisas que afetaram o meu modo de falar português:

Em 1985, há vinte anos, eu fazia meu primeiro ano de Letras: Português-Inglês, num curso noturno na faculdade católica da minha cidade, Campo Grande-MS. 85 alunos na sala, a professora de inglês teve a brilhante ideia de contar com a ajuda de quem já soubesse a língua pra socorrer os demais em pequenos grupos. E eu, enquanto passava de carteira em carteira pra tirar as dúvidas dos colegas em relação aos exercícios, fui surpreendida pela seguinte pergunta de uma colega:
-- Denize, de onde você é? Você fala tão diferente, meio cantadinho...

Levei um susto. Eu me sentia tão campo-grandense. Que conversa era aquela? Mas em poucos minutos, elaborei toda uma teoria.

-- Sou daqui mesmo, mas como falo inglês praticamente o dia inteiro (e era verdade!), isso deve estar afetando de alguma forma meu modo de falar.

Era a única explicação plausível, pois eu nunca tinha botado os pés pra fora da minha cidade até então. A única viagem que eu tinha feito foi uma de cabeça na língua inglesa (padrão?) com toda a minha vontade através de cursos, filmes, músicas, contatos com estrangeiros (principalmente os mórmons que eu caçava pra poder praticar a conversação, e que me davam atenção até verem que eu não iria me converter mesmo!).

Eu dava muitas aulas, cheguei a ter 14 turmas por semestre, numa escola onde era proibido falar português em sala. "No Portuguese! Think in English!". Processo meio esquizofrênico, mas que, no meu caso, me permitiu suportar, por um tempo, uma série de dificuldades de ordem bastante práticas: pai desempregado, com problemas de bebida, mãe doente, e depois falecida aos 45 anos; cinco irmãos menores; grana sempre contada, etc. eu não tinha muito tempo pra pensar no meu português que estava indo pras cucuias, principalmente se eu contava com uma outra língua, o inglês, que me fazia "esquecer", temporariamente, minha jovem vida ferrada!

Essa situação durou até 1990, quando me mudei pra Campinas-SP e comecei a fazer Pedagogia na UNICAMP. Lá sim, eu precisava ler textos e mais textos em português. Então senti que voltava a ser fluente na minha própria língua. E foi um tempo em que li bastante mesmo, não só textos acadêmicos, mas textos literários também, de autores como: Inácio de Loyola Brandão, Rubem Fonseca, Gabriel Garcia Marques, Lygia Fagundes Telles, Isabel Allende, e por aí.

Eu me lembro que, chegando em Campinas-SP, aprendi de cara duas palavras novas: detonar e desencanar. A moçada de lá dizia assim:

-- Só tem um pedaço de bolo, posso detonar?

-- Claro!

-- Posso mesmo?

-- Pode. Desencana!

Fiquei maravilhada com esse linguajar tão jovem, eu que, aos 22, estava recuperando minha juventude perdida, morando num pensionato, numa grande cidade, a maior do interior paulista. E aí comecei a reparar nas diferenças de vocabulário, de pronúncia, enfim, de tudo o que dizia respeito ao falar o PB, pois tive contato com estudantes do Brasil inteiro. Mais tarde, quando me mudei pra uma república, isso ficou mais gritante ainda, visto que cada uma era de um canto, e a gente vivia brincando com as nossas diferenças! Nossa, fecho os olhos e vejo:

Gabriela, de Porto Alegre, botando ordem na casa com seu sotaque gaúcho;

Edilene, de Piracicaba, disfarçando seu /r/ caipira;

Solange, de São Paulo, com vontade de morar um apartamento lindo depois de se formar;

Denisinha, de Curitiba, com saudade da terrinha;

Eu, de Campo Grande, falando em mandioca, babuja, pandorga, patrola, sopa paraguaia.

E, mais tarde, Jugurta, de Aracaju, dizendo que a comida tinha "ofendido" seu estômago, e eu rindo, dizendo:

-- Ah, coitadinho. Não se ofenda não, estômago. Foi sem querer.

Ih, é tanta gente!! Os amigos, os amigos dos amigos, o namorado-marido, os alunos, os brasileiros, os estrangeiros, todo mundo na "ilha de Barão Geraldo", em Campinas-SP.

Em 1993 surge uma oportunidade pra eu trabalhar na UFMS, no campus de Aquidauana, a três horas da capital. Era um curso de Letras com inglês que estava acabando. Precisavam de uma professora substituta por um ano e meio pra dar aulas de língua inglesa, literatura inglesa e norte-americana, prática de ensino de língua inglesa. E lá fui eu. Nessa época fazia sucesso uma música do Ivan Lins, chamada Confins, que fazia parte da novela global "Renascer":

"Isso é que me alimenta, que me sustenta, me faz amar
Nesses confins de mundo, olerêrê
Nada vai me assustar..."

E aí, havia toda uma pressão pra que os professores da universidade federal fizessem mestrado, e eu, querendo ser efetivada, não tive dúvidas, tentei a USP, passei e foi aquela loucura: tinha que terminar o contrato na UFMS e tinha de cursar o primeiro semestre da USP. Estrada! 40 horas semanais, indo e vindo de ônibus. Num dia eu via as bucólicas vaquinhas nas fazendas de Aquidauana-MS, no outro, o trânsito enlouquecedor de São Paulo.

Quase pirei!! Atravessava esse país com um walkman amarelinho no ouvido. Bolando mil jeitos de dormir confortavelmente nos ônibus, conversando com Deus e todo mundo.

Bem, terminei o contrato com a UFMS, não fui efetivada. Engravidei, precisei largar o mestrado em inglês, seguindo o sábio e amoroso conselho do orientador que disse pra eu ir cuidar do meu filhote, que hoje está com nove anos, e me apoia nesta minha segunda tentativa de fazer um mestrado, só que agora em linguística-português para estrangeiros, em Curitiba-PR/ Florianópolis-SC!!

Isso tudo é pra rever todo um percurso que me faz chegar como chego nesta condição de professora de PLE, e que marca toda a minha interação com meu aluno estrangeiro.

"Eh, eh, mundo dá volta, camará". Gilberto Gil (Parabolicamará).

Papel pólen,
tipologia Cardo 10,5/15, no verão de 2019.